AF282637

Am Anfang war das Wort ...

Stefan Pölt

Dann fehlen mir immer die ...

Gedichte der heiteren Sorte

Bibliografische Information der Deutschen
Nationalbibliothek: Die Deutsche Nationalbibliothek
verzeichnet diese Publikation in der Deutschen
Nationalbibliografie; detaillierte bibliografische Daten
sind im Internet über dnb.dnb.de abrufbar.

© 2024 Stefan Pölt
Coverbild: Edwin Granacher
Herstellung und Verlag:
BoD – Books on Demand, Norderstedt

ISBN: 978-3-758326677

VORWORT

VORSATZ

Möge das Lesen dieses Büchleins die Mundwinkel von der Schwerkraft befreien.

VORREDE

›Außer Späßen nichts gewesen‹ ist jetzt gut vier Jahre her. Sind die Leser schon genesen und bereit für etwas mehr? Vieles hat sich angesammelt, mal gemächlich, mal ruck zuck und bevor es noch vergammelt, kam es schließlich in den Druck. Zur Benutzung sei empfohlen: Lesen, Blättern und so fort... und das Ganze wiederholen bis zum allerletzten Wort. Was man nicht gleich zu Beginn weiß: Der Konsum führt oft zum Schwund mieser Laune – dieser Hinweis ist kein Warenumtauschgrund.

BESTÄNDIG

Louvre, Oktober 2008

All die Wunden an den Wänden,
Schlachtgesang in Öl erstarrt,
neben Hunden in den Händen
feiner Damen reicher Art.

Hier Portraits, dort Szenerien,
höfisch, weltlich und sakral,
Bilderreihen, die sich ziehen,
Gang um Gang und Saal um Saal.

Als ich dann am Ende *sie* sah,
war der alte Schinkenspeck
schnell vergessen, Mona Lisa
lächelt alles tapfer weg.

Ist er's?
Aus Eduard Mörikes kommentierter Gesamtausgabe

Frühling lässt sein blaues Band
wieder flattern *Allerhand!*
Und wohin jetzt? durch die Lüfte;
süße, wohlbekannte Düfte
streifen *streifen? So ein Schmand –*
füllen! ahnungsvoll das Land.

Veilchen träumen schon, *Nee, halt!*
wollen balde *Es heißt >bald<.*
kommen. *Erste kommen schon...*
— Horch, von fern ein leiser *...Ton?*
Harfenton! *Na, sag ich doch!*
Frühling, *Ha! Der fehlte noch!*
ja du bist's! *Er ist's – fürwahr!*
Dich hab ich vernommen! *Klar...*

Sternstunden der Philosophie

Ich denke, also bin ich smart.
(Ist noch zu lang!) ----- René Descartes

Bei Ahnungslosigkeit empfehl
ich Fresse halten! ----- Marc Aurel

Ich weiß nicht, was ich weiß, indes
vergess ich's auch noch. ----- Sokrates

Liebst du am Weibe das Gequietsche,
vergiss die Peitsche nicht! ----- F. Nietzsche

Selbst wenn ich falsch lieg, hab ich recht.
(Das ist es!) ----- Richard David Precht

Wes Lied ich sing, des Brot ich ess.
(So ähnlich!) ----- Aristoteles

Wenn alles fließt, schwimm einfach mit
dem Strom – nicht gegen! ----- Heraklit

Ein heller Kopf macht in der Regel
nur klüger und nicht heller. ----- Hegel

Literatourette

Der Spätherbst **Lenz!** vergoldet Wälder,
die Äste **Zweig!** verlorn ihr Grün.
Das Abendlicht lässt nicht nur Felder,
auch Gartensträucher **Busch!** erglühn.

Ein Mädchen **Mann!** und ihre Mutter
genießen **Brecht!** das Abendbrot,
der Hund liegt müde **Böll!** vorm Futter,
ein Ahorn prahlt mit letztem Rot.

Kein Lufthauch **Storm!** stört diese Wonne,
die Szenerie ist wie gemalt,
wenn wärmend **Frisch!** die letzte Sonne
in Fensterscheiben **Kleist!** erstrahlt.

Verblendet

Im Dunkeln ziehn Lichter
Insekt an und Dichter,
die einen fast magisch,
die anderen tragisch.

Verstörte Insekten
verliern bei Effekten
der Illuminierung
die Orientierung,

wie Dichter die Hitze
der geistigen Blitze,
vom Stammhirn gesendet,
verzückt und verblendet.

Poeten und Motten
sind ähnlich gesotten
und schwirren verwirrt um
ein Leuchten – welch Irrtum!

Langer Rede kurzer Sinn

Eine Rede in Vollendung
nutzt den Charme der Redewendung,
sie erst macht den Text lebendig
und fürs Publikum verständig.

Dabei hilft es, mit genauem
Blick dem Volk ins Maul zu schauen,
wie und über welche Sachen
sie so von sich reden machen.

Meide aber gleichermaßen
falsche wie verdrehte Phrasen,
nutze nur erkenntnisreiche,
denn sonst humpeln die Vergleiche.

Sinnbild oder auch Metapher
machen die Thematik straffer,
doch es wäre falsch, die beiden
über einen Kamm zu schneiden.

Manche Unverbesserliche
reden ohne Punkt und Striche,
meinen, Dauer macht den Meister,
doch da spalten sich die Geister!

Auf dem Holzweg

Ein Leser hält in seiner Hand
den dicken, schweren Lyrikband
und meckert, dass für solchen Stuss
ein Haufen Bäume sterben muss.
Er schreibt dem Dichter einen Brief
und wird darin auch recht massiv.

Der Dichter wehrt sich voller Stolz:
›An mir liegt's nicht, ich spare Holz
und schon' die Umwelt, sehn Sie hier,
recycelt ist das Druckpapier!‹
Jedoch, und das erwähnt er nicht,
recycelt ist auch sein Gedicht…

Jahrhundertgenie

Vom Dichterhimmel spricht geballt
die Stimme einer Lichtgestalt:

Ich schenk den Menschen bilderhaft
Poeme voller wilder Kraft,
die alle wie Juwele klingen
und tief in ihre Seele dringen.

Ich kann mit meinen Meisterstücken
die Leserschaft mit Geist verzücken
und dichte konzentriert und fleißig
pro Tag ein Werk – zuweilen dreißig.

Kein anderer ist rühriger –
ich bin ein Star-Allyriker!

Die Zaubertrommel

Kurzprogramm gewählt,
linker Socken fehlt,
war ja wieder klar!

Schonwaschgang gewählt,
rechter Socken fehlt –
von 'nem andren Paar.

Sparprogramm gewählt,
nachgezählt, es fehlt
keiner meiner Socken.

Kurz vor Glück beseelt,
lächle dann gequält –
Wäsche ist noch trocken.

Ungereimtheiten

Sieh der Wörter frohes Hüpfen,
ausgelassen ist ihr Tanz!
In ganz neue Rollen wechseln
sie mit leichter Grazie.

Wie sie lachen, tollen, toben,
ungezwungen, ungeniert,
einmal unten, einmal vorne,
ob zu zweit, zu dritt, zu sechst.

Freche, freie, frühlingsfrische
Wendungen, wohin man blickt,
doch dann wird der spielerische
Freiheitsdrang im Reim erstickt.

Was heißt hier Plagiat, Heinz?

Hinter eines Baumes Rinde
borgt der Käfer seinem Kinde
namens Gitte etwas Zaster
für ihr Laster, dann erblasst er:

»Pass gut auf, denn wie ich sehe,
ist die Krähe in der Nähe.
Nicht dass sich die hohle Dohle
noch was von der Kohle hole!
Und noch eines, Kind, verprass
nicht dein ganzes Geld für Strass!«

Gitte möcht sich gern 'n Haufen
Schleifen aufm Marktplatz kaufen.
»Ach, ich komm schon nicht in Trouble,
wenn ich schnell zur Pappel krabbel«,
sprach die Göre und verschwand
hinterm Rand der Borkenwand.

Hinter eines Baumes Rinde
sorgt der Käfer sich ums Kinde…

Nah dran

Zwanzig Zeilen pro Minute,
da wird's Zeit, dass ich mich spute,
denn nach vieren sind schon gute
zwölf Sekunden aufgebraucht.

Wie ein Derwisch huscht die Feder
übers Blatt und wird bei jeder
ihrer kurzen Tuschebäder
schnell ins Tintenfass getaucht.

In der Mitte keine Schwächen,
die sich hinterher noch rächen,
eingeweihte Kenner sprechen
hier von Lyrikleistungssport.

Wie die Poetry bei Slammern
muss der Beat so richtig hämmern,
keine Zeit dahinzudammern,
denn es zählt nur der Rekord.

Das Minutenende naht, oh!
Jetzt hilft nur noch ein stakkato-
haftes Kritzeln, denn bis dato...
Zeit ist um! Es fehlt ein

Materialien zu einer Kritik der Kritiken
nach Robert Gernhardt

Kritiken find ich sowas von beschissen –
so engstirnig, rigide, selbstgerecht
verfasst nur ein Sadist und Folterknecht,
als Lektor hätt ich ihn längst rausgeschmissen.

Hat selbst in seinem Leben nichts gerissen
und macht jetzt alles andere nur schlecht,
so schlecht wie seine Laune, also echt!
Das lässt noch mehr als Feingefühl vermissen.

Als ob es einem Autor etwas brächt,
wird dessen Werk ganz öffentlich verrissen,
befreit von jeglichen Gewissensbissen.

Zu was sich so ein Lästermaul erfrecht!
Der soll sich bloß mit seinem Stuss verpissen.
Ich find Kritiken unheimlich beschissen.

Reingefallen

Ich hätte es ja wissen müssen,
dass Werbung maßlos übertreibt,
wenn sie galant von ›Hochgenüssen‹
und ›traumhaftem Erlebnis‹ schreibt.

Prospekte sind im Reisesektor
seit jeher auf Kommerz gedrillt –
da lächelt der Hoteldirektor
in Hochglanz auf geschöntem Bild.

›In ruhiger Lage, wildromantisch‹,
so war die Unterkunft bestellt,
doch ehrlicher, wenn auch pedantisch,
wär sicher ein ›Am Arsch der Welt!‹

Den ›Meerblick‹ konnte ich erahnen,
bei klarer Sicht mit Phantasie,
gleich hinter beiden Autobahnen.
Mehr Blick gab's auf die Deponie.

Beim Service stimmte ›unaufdringlich‹,
was hieß, dass man ihn suchen muss,
und Extras waren unerschwinglich,
von wegen ›kleiner Obolus‹!

Die Schummeleien der Prospekte
sind in der Branche wohl en vogue.
Schon komisch, dass ich das nicht checkte,
so wiederholt wie Kata log.

Im Umbruch

Ich bin per se nicht gegen Zeil-
enumbruch in Gedichten,
ich finde ganz im Gegenteil
ermüdend diese schlichten

Poeme, deren Verse mit
kompletten Worten enden.
Auf solche Werke sollt man bit-
te keine Zeit verschwenden.

Ich bin nun mal ein Trennungskind,
emotional geschunden
und, wie so Trennungskinder sind,
dem Bindestrich verbunden.

Wird aber jedes Wort entzweit,
das sollte man betonen,
führt die Halbierung oft zu weit-
eren Komplikationen.

Frau Holles Gespür für Schnee

Ein Schneeflock, der vom Himmel fiel,
vorbei an vielen Flöckchen,
erschlug am Nil ein Krokodil,
im Maul des Herrchens Stöckchen.

Ihr glaubt das nicht? Ach, einerlei –
ich kann's ja nicht beweisen.
Es schmolz der Flock und nahm dabei
das Stöckchen mit auf Reisen.

Enthaltsamkeit

Gestern schrieb ich ein Gedicht,
heute mache ich das nicht –
hab ja gestern eins geschrieben,
heut erneut, wär übertrieben...

Örtliche Schönheiten

Es liegen in Kroatien
am Felsenstrand drei Grazien.
Geschäh dies in Ligurien,
dann würd es sich nicht reimen.

Das Leben

Das Leben ist 'ne Wundertüte,
du schaust hinein, rufst »Meine Güte!«,
mal freudig und mal voller Reue
und kaufst doch täglich eine neue.

Das Leben ist auch irgendwie
wie Virtual Reality
mit geiler Grafik, doch ein Hacker
zieht dir dann irgendwann den Stecker.

Das Leben ist ein Running Gag,
du fragst dich stets nach Sinn und Zweck
und merkst zum Schluss, nach all den Jahren,
dass dies die falschen Fragen waren.

Mundtot gemacht

»Man hört mich zwischen M und T
ja überhaupt nicht«, klagt das P.
»Ich werde sprachlich insgesamt
in eurer Mitte arg verschlampt.«

»Wir wissen schon, woher das kommt«,
erwidern M und T da prompt.
»Du bist zu wenig aufgepimpt,
als dass man dich vernimmt«. »Das stimmt!«,

fällt's P sofort ins Wort und brummt:
»Ich bin mit euch total verklumpt.
Phonetisch hat man uns verleimt –
und alles nur, damit sich's reimt!«

Du bist dran!

Auf geht's, Leser – Tausch der Rollen!
Klar geht das, man muss nur wollen!
Du vollendest dieses Stück
und ich lehne

Frisch gewagt, auch wenn du schwitzt,
bis der Reim so
Dichte weiter – auf, nur Mut! –
denn bis hierhin

Was ist los? Du kommst ja plötzlich
aus dem Takt, wie
Schreibblockade? Augenblicklich
wird das Ganze

Mensch, was machst du denn für Sachen?
Alles muss man selber machen –

… unergötzlich, unerquicklich!

Frankoviel

Ich hatte Englisch und Latein,
Französisch hab ich nie gewählt.
Das war kein Fehler, schon allein,
weil's mir an Sprachgefühl nicht fehlt.

So reime ich mit Niveau,
im Stil von Saint-Exupéry,
nur intressiert das keine Sau –
wie leicht verkennt man ein Genie!

Ich reichte ein, in meiner Not,
zu einem lyrischen Grand Prix
ein literarisches Bonmot
und war gespannt, doch wieder nix!

Das Siegerstück klang zwar ganz nett,
doch war es wahrlich nicht der Hit,
zumindest fehlte dem Couplet
komplett der Feinschliff und Esprit.

Welch ein Eklat, welch ein Affront!
Die Jury las wohl en passant,
und hat so meinen Horizont
im Frankovielen nicht erkannt.

Nix los heute

Tote Hose, nix passiert...
Sensationen unterbleiben.
Wär die Sonne explodiert,
hätt ich endlich was zu schreiben.

Oder flöge ein Komet,
ohne vollends zu verglühen,
mitten ins Gemüsebeet,
um dort Funken zu versprühen.

Fiel zumindest irgendwo
im fast blätterlosen Garten
ein Sack Rindenmulch... – doch so
muss das nächste Werk noch warten.

Höllig verfunzt

Welch Hink hat diesen Most verfasst?
Ein Text, der voller Strehler fotzt,
in dem kein Ort zum Wandern passt,
dem Geist im Truff wohl abgesotzt.

Wer schrieb nur dieses Pottschramphlet
im Spiele eines Stottgedichts?
Komplett verdrechselt und verweht –
hier stimmt ja hirn und vonten nichts!

Ausnahmen

Nicht alles, was hinkt, ist ein schräger Vergleich,
nicht alles, was stinkt, ist an Eigenlob reich,
nicht alles, was trügt, ist tatsächlich ein Schein,
nicht alles, was lügt, hat ein kürzeres Bein.

Nicht jeder, der fällt, ist von Hochmut umweht,
nicht alles, was hält, wurde doppelt genäht,
nicht jegliche Macht ist durch Wissen fundiert,
nicht jeder, der lacht, hat den Witz auch kapiert.

Nicht alles, was bricht, ist vorm Brunnen der Krug,
nicht jedes Gedicht ist geschliffen und klug.

Im wilden Osten

Dichter, hüte dich vor Weimar,
wo das Pech am Griffel klebt,
weil das sonst dein letzter Reim war.
Schiller, Goethe sind im Eimer,
Herder hat's nicht überlebt!

Gerüchteküche
nach Erich Kästner

Es gibt nichts Neues,
außer ich streu es.

Von Athleten und Poeten

Die Abwehr macht die Seite zu
und geht ins Gegenpressing,
der Dichter macht die Seite zu,
er hält nicht viel von Lessing.

Der Läufer setzt die Ferse auf
und rollt danach den Fuß ab,
der Dichter setzt auch Verse auf
und später einen Gruß ab.

Indes, wenn einer sprungbereit
beim Fußballspiel geköpft hat,
sich Lyrik-Sport-Gemeinsamkeit
dann Gott sei Dank erschöpft hat.

Krönender Abschluss

Bevor ich poemeritiere,
noch schnell ein finales Gedicht.
Mein Kumpel am Eingang steht Schmiere
und nimmt einer Klofrau die Sicht.

Am Bahnhof, Bezirk Berlin-Wedding,
für Untergrund-Lyrik bekannt,
zück ich ganz verzückt meinen Edding
(noch ist etwas Platz an der Wand…)

und schreibe in prunkvollen Lettern,
als krasser Kontrast zum Geschmier
von pseudopoetischen Städtern,
ein griffiges ›Stefan war hier‹.

Entschleunigt

Würde man die Fahrer fragen,
die ihm meist von hinten nahen,
ob er schleicht anstatt zu jagen,
würden sie das wohl bejahen.

Denn er mag es gern gemütlich,
blinde Hast kann ihm gestohlen
bleiben, auch wenn sie minütlich
seinen Wagen überholen.

Hupend johlen sie und winken,
wie die Groupies den Idolen,
während sie mit wildem Blinken
seinen Wagen überholen.

Plötzlich haben Antriebsmängel
ihm den Halt am Rand befohlen,
wo jetzt selbst die gelben Engel
seinen Wagen überholen.

Resümee

Ach, was ist aus mir geworden?
Weder Papst noch Michael Jordan,
nicht mal Dieter Hallervorden…
macht das Leben so noch Sinn?

Doch auch ohne großen Namen,
ohne weltberühmte Damen,
die mich fotogen umrahmen,
bin ich wer – na, immerhin.

Sehnsucht

Der Mensch, in steten Sorgenfalten,
fühlt sich als kleiner Erdenwurm,
ist machtlos bei Naturgewalten
wie Feuersbrunst und Wirbelsturm.

Sein Ziel ist es, geliebt zu werden –
bei jeglicher Betätigung
verzehrt sich dieser Wurm auf Erden
nach Zuspruch und Bestätigung.

Er braucht vor allem Anerkennung,
sonst wird er antriebslos und krank,
oft reicht schon eine Namensnennung,
ein kleines Lob, ein wenig Dank.

Wer das nicht kriegt, verbreitet Schrecken,
holt sich Respekt auf diese Art,
doch kann er nicht mal Furcht erwecken,
dann trifft es ihn besonders hart.

Perlen des Wertstoffhandels

Von Scharbeutz bis Wanne-Eickel
zieren sie den Straßenrand,
als Ikonen des recycle-
baren Altglas weltbekannt.

Wie bei Schönheitswettbewerben
rausgeputzt und aufgepeppt,
dekoriert mit tausend Scherben,
abgestimmt aufs Farbkonzept.

In dem feierlichen Rahmen
ist kein Platz für Edelkitsch –
das erkennt man schon am Namen:
›Knettenbrech & Gurdulic‹.

Epilog

Das Funktionsdesign entschuldigt
den Metalllook, vollverzinkt,
monatlich wird ihm gehuldigt,
öfter, wenn man gerne trinkt.

Späte Reue

Der Hofpoet sitzt im Gefängnis,
zu überheblich war sein Werk,
ein ›Burgpack‹ bracht ihn in Bedrängnis,
doch erst so richtig zum Verhängnis
wurd ihm ›blasiert‹ als Randvermerk.

Jetzt schmort er Teile seines Lebens
dort, wo die Zeit sich schrecklich dehnt,
und wo er sich trotz des Bestrebens,
sich noch zu bessern, doch vergebens
nach dichterischer Freiheit sehnt.

Erntedankfest

Vorbei ist der Oktober,
die Ernte längst im Schober,
das bunte Laub der Bäume
besucht das Land der Träume.

Die Türen sind verrammelt,
am großen Tisch versammelt
sich jetzt der Clan und wartet,
dass bald das Festmahl startet.

Da strömen aus der Küche
entsetzliche Gerüche,
verkokelt qualmt der Truthahn –
Thanksgiving fängt ja gut an!

Fast allen

Reich geschmückt erstrahlt der Baum,
vierundzwanzig Kerzen
brennen sich im dunklen Raum
strahlend in die Herzen.

Voller Inbrunst wird die Pracht
intensiv besungen,
grade ist der ›Stillen Nacht‹
letzter Takt verklungen.

Mutter hat fürs Mahl gesorgt
und zu Tisch gebeten,
Vater sitzt schon und entkorkt
Alkoholitäten.

Duftend lockt der Bratensud,
Weihnacht, du kannst kommen!
Allen geht es rundum gut –
Gänse ausgenommen.

Drei komische Heilige

Vor einiger Zeit in 'ner fürchterlich kalten
Dezembernacht eilen drei finstre Gestalten
durchs Land, denn sie müssen bei eisigen Winden
noch schnell einen schützenden Unterschlupf finden.

Der erste, ein Goldiger, zeigt in die Ferne,
dem Weingeist nicht abgeneigt sieht er schon Sterne.
Der zweite, mit ihm in die Wolle geraten,
beweihräuchert sich an den eigenen Taten.

Der Dritte im Bunde, ein mürrischer Alter,
zitiert ständig irgend 'nen Vers aus dem Psalter.
So stapfen sie schimpfend, das Blut schwer in Wallung,
und finden im Schneetreiben endlich 'ne Stallung.

Sie öffnen das Tor, doch da steht schon Gesindel
im Stroh um ein Findel – ein Kind ohne Windel.
Laut fluchen die drei, von dem Anblick vergrätzt:
»O Jessas, Maria und Josef! – Besetzt!«

Die heiligen vier Könige

Drei Weise aus dem Morgenland,
sprich Osten, kamen angerannt,
durch Wüste, Trockenheit und Dürre,
sie brachten Weihrauch, Gold und Myrrhe.

Der Caspar und der Melchior
erreichten Bethlehem noch vor
dem Balthasar, der hatte Blasen
und konnte deshalb nicht so rasen.

Ein vierter wollt nicht huldigen
und ließ sich drum entschuldigen,
doch fehlte den drei Königen
der Wille zu beschönigen.

Sie beichteten im hellen Schein,
es fehle noch der Edelstein
von Phlegmar, denn so hieß der vierte
in Quellen nicht so oft zitierte.

Märchen der gehobenen Art

Sie warfen Kinder in die Luft,
um sie dann aufzufangen,
und war der erste Schwung verpufft,
dann gingen sie, umschlangen

den nächsten, der des Weges kam,
und lüpften ihn vom Boden,
vor Freude strahlend, ohne Scham,
nach Ringerart-Methoden.

Sie glaubten, dass sich jedes Kind
an ihrem Tun erfreute,
und wenn sie nicht gestorben sind,
dann heben sie noch Leute.

Verhindert

Es ist nicht leicht, ein Star zu sein,
noch schwerer, es zu werden.
Es wär zu schön, um wahr zu sein,
doch den Erfolg gefährden

die Konkurrenz, die Neider, auch
behäbige Agenten,
sowie das Pech und leider auch
mein Mangel an Talenten.

Gut Ding...

Neulich schrieb ich eine Zeile
meines Opus ›Langeweile‹
und in ein paar Ewigkeiten
schreibe ich dann an der zweiten.

Zeitgemäß

All den klassischen Poeten
bringt ihr Schreiben kaum Moneten,
nur die progessiven Pöten
kriegen für Gedichte Kröten.

Plurale Tanten

Wie heißt der Plural von Ural?
Urale, gar Uräler?
Wie oft hab ich die Qual der Wahl
und quäle mich zum Fehler.

Auch greife ich beim Singular
gern wirkungsvoll daneben.
»Ich schreibe meine Memoir«
klingt kaum nach ganzem Leben.

LEBENDIG

Lagebericht

Es sind zwei Flöckchen Seifenschaum,
die noch am Rücken kleben.
Sie legt sich in den Ruheraum,
er liegt direkt daneben.

Ihn lässt ihr blonder, zarter Flaum
auf brauner Haut erbeben,
noch hält er seine Lust in Zaum
und liegt erregt daneben.

Er denkt, es wäre wohl ihr Traum,
sich ihm ganz hinzugeben.
erwarten kann sie's sicher kaum –
auch da liegt er daneben.

Frühjahrsmüde

Blühten Aster und Ranunkel
farbvermeidend blässlich-fahl,
würde es schon mittags dunkel,
wären Haubenmeisen kahl,

geizten Bäume, Büsche, Blätter
konsequent mit Chlorophyll,
überwöge Schmuddelwetter,
röche es nach Sondermüll,

käm aus amseligen Schnäbeln
ungedrosselt Motorsound,
würde die Natur vernebeln,
wär ich endlich schlecht gelaunt!

Panorama

Phantastische Bilder
vom Bergsee vor wilder
Kulisse eroberten gleich unser Herz.

Wir sparten und buchten
die Nacht bei Betuchten
im Nobelhotel zwischen Zobel und Nerz.

Nun stehn wir am Fenster
und starrn bei begrenzter
Distanzsicht in gräuliche Suppe hinaus.

Ein Zimmer mit Seeblick
nutzt wenig, ist's neblig.
Das nächste Mal bleiben wir wieder zu Haus.

Wirrwarr

Täglich an der Spielkonsole,
fünfundzwanzig völlig hohle
Egoshooter-Ballerspiele,
World of Warcraft, grenzdebile
Action Games wie ›Run & Fight‹ –
wirrtuelle Wirklichkeit.

Teilerfolg

Ich kann mich des Verdachtes nicht erwehren,
da wäre ein kaum wahrnehmbarer Ton,
noch kann ich ihn mir nicht genau erklären,
doch eine dunkle Ahnung hab ich schon.

Der Ton schwillt an und schmerzt in meinen Ohren,
ein Sirren, fast im Ultraschallbereich,
kommt ungefähr dem zahnärztlichen Bohren
in seiner Wellnesswohlfühlwirkung gleich.

Es hilft nichts! Licht an. Blick auf die Tapeten.
Wo hast du feiges Miststück dich versteckt?
Ich finde dich! Beginn schon mal zu beten!
Am Fensterbrett hab ich sie dann entdeckt.

Ein kurzer Hieb, sie ist total geplättet,
beendet ist ihr kurzer One-Night-Stand.
Mit einem Schlag sind Nacht und Schlaf gerettet,
ich leg mich grade hin, als hochfrequent

erneut der Ton erklingt, den ich jetzt kannte.
Was hab ich, lieber Gott, dir nur getan?
Anscheinend hat die Mücke noch Verwandte,
ich fürchte fast, es ist ein ganzer Clan.

Zug um Zug

Noch **V**or dem ersten harten **V**rost
Vührt im **V**erband der **V**ogelzug
in **V**-**V**orm Richtung Südsüdost.
Wie **V**aszinierend ist ihr **V**lug!

Und **Λ**lle Jahre **Λ**b **Λ**pril
Kehrn sie **Λ**us **Λ**frika zurück.
Bei **Λ**nkunft steht der Mensch **Λ**m Grill
und zwitschert sich ins Hopfenglück.

Lerne von der Natur!

Ich las, dass die Tennessee Ziegen
mitunter in Angststarre liegen –
sie fallen zur Seite.
Die Tiere scheint Stress oder Schrecken
im Muskelkrampf niederzustrecken,
das trifft jede zweite.

Ich fand das Konzept ziemlich praktisch
und griff daher autodidaktisch
zu Trainingsmethoden.
So sorgte ich für Unterbrechung
beim Chef in der Krisenbesprechung,
fiel hüftstarr zu Boden.

Jetzt sitz ich gemütlich zu Hause,
sie gönnten mir dauerhaft Pause,
dem ach so Gestressten!
Natur ist sehr lehrreich, von allen
der zahlreichen Tiere gefallen
mir Ziegen am besten.

Liebenswürdigkeiten

Manche lieben großes Kino,
andre mögen eher Trash,
manche lieben Tarantino,
wieder andre Johnny Cash.

Manche lieben kleine Käffer,
andre stehn auf Tokio,
manche Liebe ist ein Treffer,
andre ist ein Griff ins Klo.

Manche lieben es harmonisch,
andre suchen lieber Streit,
manche lieben sich platonisch,
andre nur textilbefreit.

Manche lieben nur den einen,
andre lieben oft und prompt,
manche lieben sein Erscheinen,
andre lieben, wenn er kommt.

Manche hisst die weiße Fahne,
andre Liebe rostet nicht,
manche lieben Kitschromane,
andre lieben dies Gedicht.

Liebeserklärung

Ich wär dir gern andauernd nah,
du stehst so formvollendet
im Look aus Lack und Leder da,
dass mich dein Glanz verblendet.

Bist rundherum perfekt gebaut
und bringst mich gleich auf Touren,
auch wenn du manchmal etwas laut
herumbockst, statt zu spuren.

Ich kann dein heißes Temprament
und Feuer förmlich fühlen,
jedoch, bevor es zu sehr brennt,
wird's Zeit, uns abzukühlen.

Noch ist dein Äußres chic und neu,
auch wenn's mal später leidet –
ich bleibe dir auf ewig treu,
bis dass der TÜV uns scheidet!

Penetrant

Hoch am Himmel lacht die Sonne
hundsgemein und blickt mit Wonne
auf die Hitze-Hysterie der
zarten Erdenkinder nieder.

Mit sadistisch fiesem Strahlen
schickt sie Himmelshöllenqualen,
die dank kurzer Wellenlängen
jede Hautpartie versengen.

Überhitzte Luft zieht Schlieren,
Menschen hyperventilieren
und verzehren sich nach Schatten,
kühlen Drinks und Hängematten.

Abends scheint sie ohne Winken
tief im Boden zu versinken,
selten nur, wie sich's geböte,
mit der nötgen Schamesröte.

Kneippen-Therapie

Die Welt ist furchtbar kompliziert,
wer soll das noch durchschauen?
Ein Menschlein, das ins Leere stiert,
hat heftig dran zu kauen.

Schluckt literweise Medizin,
um seinen Schmerz zu lindern
und bittet Gott auf beiden Knien,
das Schlimmste zu verhindern.

Dann kriecht es ins Laternenlicht
hinaus auf allen Vieren,
es will sein innres Gleichgewicht
auf keinen Fall verlieren.

Narkotisiert

Olfaktorisch drückt der Tempel
schon am Eingang seinen Stempel
auf geschockte Rezeptoren
und benebelt unverfroren
die verbundenen Neuronen
mit geballten Pheromonen.

Wenn im Hippocampus Zellen
reizgeflutet überquellen,
überfordern solch Probleme
selbst die limbischen Systeme
und dann schreit die Nasenschleimhaut
flehentlich nach einem Time-out.

Auch der letzte freie Wille
wird bezwungen von Vanille,
Bergamotte und der Schwere
raffinierter Blütenmeere,
die das Denken durch Zerstäuben
tief im Inneren betäuben.

Diese Mischung aus Essenzen
bringt das Hirn an seine Grenzen
und es will zum Ausgang schwanken,
denn vernünftige Gedanken
kann es erst nach dem Verlassen
dieses Tempels wieder fassen.

Grenzen der Harmonisierung

Aus dem Reich im Fernen Osten
kam Feng Shui bis nach Boston
mit der Dschunke übers Meer,
ritt sodann als Reiter weiter,
war zunächst nur Gastarbeiter,
doch im Traum schon Millionär.

Als ein meisterlicher Planer
lehrte er die Indianer
Yin und Yang und Harmonie,
was den Häuptling kaum entzückte,
als er dessen Zelt verrückte
für den freien Fluss des Qi.

Kolossaler Dank des Bosses
traf ihn mittels Wurfgeschosses,
angeleint am Totempfahl.
Dessen farbliche Gestaltung
kam jetzt richtig zur Entfaltung,
da Feng Shui Rot empfahl.

Gefährlich ist's, den Leu zu necken

Wen je in der Wüste
ein Löwe begrüßte,
der weiß, dass dem Tier ein gewisses
Talent zum Zerbeißen,
Zerfetzen und Reißen
geschenkt ist in Form des Gebisses.

Denk nicht, das wär harmlos!
Schnell ist man 'nen Arm los,
auch andere Extremitäten.
Ein Körper alleine,
so ganz ohne Beine,
taugt kaum, um die Flucht anzutreten.

In den Alpen

Schon kommen die Monster,
mein Schrei ist umsonst, er
verpufft in der Luft, weil sie taub sind und blind.
Es fehlen die Ohren
(im Schwertkampf verloren),
die Augen glühn grün unter grässlichem Grind.

Sie schleimen und schlurfen
den Flur lang, umkurven
die Schlafzimmermöbel und greifen nach mir,
mit glibbrigen Fingern,
igitt! – ja, ich bin gern
in netter Gesellschaft, doch nicht grade hier.

Dann plötzlich die Wende,
der Spuk hat ein Ende,
mein Bett ist von unten nach oben gekehrt,
das Laken zerschlissen,
die Kissen zerrissen,
ich hab mich anscheinend erfolgreich gewehrt.

Flammender Appell

Ich suche die Buche, verharre und fluche:
»Was ist jetzt? Das soll wohl ein Witz sein?!«
und schleiche zur Eiche, dort ist es das Gleiche,
es schlägt ums Verrecken kein Blitz ein.

Auch Eibe und Weide besuche ich beide,
solange die Unwetter toben.
Mir deuchte, ich bräuchte zur strahlenden Leuchte
nur Lux und ein Zeichen von oben.

Es endet geblendet – als Petrus es sendet,
zerbröckelt, was bisher mein Zeh war.
Ich frage mich vage, in brenzliger Lage,
ob das so 'ne gute Idee war?

Tauschgeschäft

Elite beim Partner?
Von wegen! Der starrt 'ner
Kassiererin ins Dekolleté.
Dabei wär das Tindern
für ihn mit zwei Kindern
und mir, seiner Gattin, passé!

Jetzt bin ich bei Parship,
wo ich mit dem Arsch wipp,
nein, vornehmer – mit meinem Po.
Dort find ich 'nen Neuen,
der wird's nicht bereuen,
bin Single mit ganz viel Niewo.

Goldenes Handwerk

Handwerk, ach, man muss dich loben,
hilfst uns bei Belastungsproben!
Fällt der Strom aus, tropft die Leitung,
spinnt die Wasseraufbereitung –
kurzer Anruf, nach zwölf Tagen
schon beseitigst du die Klagen.

Tusch!

Handwerk, ach, man muss dich preisen
ob flexibler Zahlungsweisen,
akzeptierst im Grunde alle –
Karte, Rechnung, bar auf Kralle.
Hoch das Lob wie der Betrag:
Wochenend- und Nachtzuschlag!

Tusch!

Handwerk, nichts besteht für immer,
bald schon schießt im Badezimmer
Wasser stramm aus Rohr und Wänden,
fließt zum Löschen von zwei Bränden,
die ihn thermisch überlasten,
stracks in den Verteilerkasten.

Pfusch!

Kynophobie

Ein Kläffen und Knurren,
ein Zerren und Zurren,
ich hoffe, die Leine zerreißt nicht.
Sein Herrchen beschwichtigt
verbal und bezichtigt
mich glatt noch der Panik: »Der beißt nicht!«

Das kenn ich von vielen –
»Der will doch nur spielen…«
und später verscharrn sie die Leichen!
Ich hab Hunde gerne,
doch nur aus der Ferne,
gut drei Kilometer könnt reichen.

Dann seh ich beim Fletschen,
er könnt mich zerquetschen –
und was der fürn kräftigen Zahn hat!
Was nützt mir nach Bissen
ein schlechtes Gewissen
und »dass er's zuvor nie getan hat«?

Von wegen »Der tut nichts…«!
Hier hilft ein Disput nichts,
nur Gegenwehr kann noch was taugen.
So greif ich zur Hülle
des Säbels und brülle:
»Was schaust du mir so in die Augen?!«

Herzschlag

Des Menschen Herz pocht bis zum Hals
beim allerersten Küssen
und in Gefahr pocht's ebenfalls –
das führt zu falschen Schlüssen.

RTL II

Angesichts
so viel Schrotts:
Je mehr nichts
desto trotz!

Diese dunkele Macht

Diese dunkele Macht,
die in mondheller Nacht
mir befiehlt, der Matratze zu weichen,
und dann über den Gang
an den Türen entlang
hin zum randvollen Kühlschrank zu schleichen.

Wie der missfällig brummt
und dann vollends verstummt,
als ich tief in sein Inneres greife.
Erst mal köpf ich ein Bier,
dann zermalmt meine Gier
einen Gouda mit mittlerer Reife.

Auch vom Braten ein Eck,
der vergisst voller Schreck
ob dem drohenden Ende zu kreischen
und so kann ich ihn gut
(zwischen Zähnen klebt Blut-
wurst) in stoischer Ruhe zerfleischen.

Noch solange er zuckt,
wird ein Pudding verschluckt
und zum Schluss noch ein Schnäpschen misshandelt.
Diese dunkele Macht,
die in mondheller Nacht
mich zum reißenden Werwolf verwandelt.

Farbenspiel

Ich kann den Sommer kaum erwarten,
wenn wieder zwischen sattem Grün
gefühlt zehntausend Blumenarten
im wilden Farbenspiel erblühn.

Vom Leuchtendgelb der Dotterblume
bis hin zum Veilchenviolett
erstrahlt am Rand der Ackerkrume
das frisch gemachte Blütenbett.

Wie die Natur mit ihren Launen
die Felder, Parks und Gärten ziert,
versetzt mich immer in Erstaunen –
als wär ein Farbwerk explodiert.

Ich sage euch: Wenn das kein Grund ist,
sich dieses Strahlen anzuschaun!
Und wem die Blütenpracht zu bunt ist:
Im Mixer wird sie schlammigbraun.

Kein Benehmen

Sie beäugen mich mit Argwohn,
nicht erst jetzt, schon tagelang.
Ist es, weil ich meist im Park wohn,
stört mein watscheliger Gang?

Gönnen sie mir nicht die Brocken,
die man mir zu Füßen warf?
Dabei ist das Brot doch trocken,
wurstlos und oft krustig-scharf.

Ziehe ich zu viele Blicke
auf mein schillernd-buntes Kleid?
Ist die schnatterhafte Clique
eifersüchtig, voller Neid,

dass ich, als sie draußen pennten,
in den eignen Federn schlief?
Ja, so ist der Rest der Enten –
quaken viel und gucken schief.

Mut zur Lücke

Es sind so viele Wissenslücken,
mehr Löcher als solider Grund,
nur Bruch in kleinen Einzelstücken
und ab und zu ein Zufallsfund.

Ich kenne weder Ibsens Dramen
noch den Geburtsort von Monet
und auch die vierzehn, fünfzehn Namen
der Jünger Jesu sind passé.

Mir sagen Nibelungenstrophen
so wenig wie Excalibur,
auch passe ich bei Philosophen,
mal abgesehn von Dieter Nuhr.

Selbst Daten kann ich mir nicht merken,
nicht mal die Gründung der Türkei,
von Schillers oder Goethes Werken
ist mir nur eins präsent – ›Der Schrei‹.

So bleibe ich wohl wissenslücklich
und lebe dennoch voll Genuss,
bin ungebildet, aber glücklich,
dass man nicht *alles* wissen muss.

Kreislauffördernd

Sicher wär der Siebenschläfer
etwas tagaktiver, träf er
schon früh morgens zu Beginn
eine Siebenschläferin.

Zum Abschied

Sie beugt sich aus der Zugtür vor
und flüstert ihm noch was ins Ohr –
kein Liebesgruß, sie murmelt nur:
»Denk morgen an die Müllabfuhr!«

Verscherzt

Old Bill, ein alter Trunkenbold,
schoss im Saloon mit seinem Colt
herum und schrie: »Es liegt viel Gold

am Rand des Flusses in der Erde!«
Die Cowboys sprangen auf die Pferde
und stürmten wie 'ne Büffelherde

zum nahen Creek. Die ganze Meute
grub stundenlang nach fetter Beute,
bis sie sich in der Nacht zerstreute.

Total verdreckt und unrasiert,
erfolglos, müde und frustriert
sind sie in den Saloon marschiert.

Old Bill empfing sie, lachte schrill:
»Ätsch, reingefalln! April, April!«
Erst flogen Kugeln, dann war's still.

Ode an die Vollkommenheit

Wie die Götter ohne Funken,
wie ein Körper ohne lich,
wie ein Tümpel ohne Unken
wär mein Leben ohne dich.

Wie der Laufsteg ohne Mode,
wie ein Pinsel ohne Strich,
wie der Rene ohne Klode
wär mein Leben ohne dich.

Doch wie Erdbeereis mit Sahne,
und wie Rosen mit Spalier,
auch wie Tarzan mit Liane
ist die Zweisamkeit mit dir.

Sport ist Mord

Die Knochen gebrochen,
die Haut aufgeraut,
so lieg ich seit Wochen
und jammere laut.

Die Wunden verbunden,
mit Fäden genäht,
seit einigen Stunden
schon suppt das Sekret.

Extreme Ödeme
ziern Hüfte und Hand,
es hilft keine Kreme
und auch kein Verband.

Sie werden nicht kleiner,
dafür aber bunt –
da sag mir noch einer,
viel Sport sei gesund!

Si tacuisses

Delphine zählen zu den Schlauen,
doch wie steht's mit den Kabeljauen –
gehören diese zu den Doofen,
sind sie gar Meeresphilosophen?

Hier lest ihr die Gedankengänge
des Kabeljaus (in voller Länge):
»Barschkalt hier! Blubberblubb, ich friere!
Und dieser Hunger! Schalentiere...

wärn jetzt das Salz in meiner Schuppe,
ob Krebs gesund ist, ist mir schnuppe!
Auf meinen Krill kommt nur das Frische,
das ich aus trübem Plankton fische,

kein Mikrowellenplastiktupper,
nur Seepferdfleisch und... blubber, blubber.«
Da ist man froh, wenn's endlich um ist
und dass der Flossenweise stumm ist!

Kurz und schmerzhaft

In der Talkshow, nachts um zwei,
gibt es reichlich Streiterei.
Hocherregt, mit rotem Schädel,
korrigiert ein Herr ein Mädel,

bis sie sich in scharfen Sätzen
über ihren Standpunkt fetzen.
Dieses Streitkultur-Erlebnis
bringt letztendlich kein Ergebnis.

Auf dem Spielplatz zerren in der
Mittagszeit zwei kleine Kinder
an dem Förmchen, erst noch lautlos,
bis es einem reicht – es haut los

und erobert so das Plastik.
Klar, das andre ist jetzt brastig,
doch nicht lang, dann spieln sie heiter
sandverschmiert zusammen weiter.

Ließ man Kinder mehr gewähren,
würd sich manches schneller klären.

Siderodromophobie

Feucht der Hände Innenseiten,
leichtes Zittern in den Knien,
doch zu spät, dem startbereiten
Ungeheuer zu entfliehen.

Fast raketenhaft beschleunigt
drückt es uns in weiche Sitze.
Bleibt dem Nebenmann, der scheu nickt,
wohl verborgen, wie ich schwitze?

Was, wenn eine der Turbinen
mitten auf der Strecke ausfällt?
Wenn der Zug aus schiefen Schienen
von der Brücke auf ein Haus fällt?

Pfeiler, die vorüberfliegen,
holt der Tod mich jetzt auf Reisen?
Wär ich doch nicht zugestiegen!
So ist Flugangst – nur auf Gleisen.

Tempel der Verführung

Am Anfang war das Obst,
gleich neben dem Gemüse,
damit du schon mal lobst:
Oh, welch gesunde Süße!

Dort liegen sie adrett,
vom Apfel bis zur Zwiebel.
Am Anfang war... – ich wett,
das steht schon in der Bibel.

Oh, wie ihr duftend lockt,
Orange, Mandarine,
bei deinem Anblick stockt
mein Atem, o Bergine!

Auf Anhieb hat's gefunkt
bei mir und der Filiale –
mein Lebensmittelpunkt
sind Supermarktregale.

Leicht nachgeholfen

Lebenslang hat er gelitten,
die Erscheinung zu perfekt,
wie aus Ebenholz geschnitten,
was nicht nur Bewundrung weckt.

Diese neiderfüllten Blicke,
das Gefühl, nicht Teil zu sein,
keine Freunde, keine Clique,
traurig, einsam und allein.

All sein Leiden trieb ihn plastisch
in die Hand der Chirurgie.
Die Erfolge warn phantastisch,
weg ist alle Symmetrie.

Richtung rechts zeigt jetzt die Nase,
linke Seite Segelohr,
unter Backen á la Hase
steht das Kinn leicht schräg hervor.

So kann er sich sehen lassen,
dieser Arzt ist genial!
Ach, er kann's noch gar nicht fassen –
endlich ist er stinknormal!

Herzschmerz

Unglücksfälle, Schicksalsschläge,
bis das ganze Sofa flennt,
finden immer wieder Wege
in ein neues Happy End.

Was so klingt wie ein Aprilscherz,
ist in Wahrheit bittrer Ernst.
Erst grüßt Inga und dann pilchert's,
bis du Larmoyanz erlernst.

42°

Ausgetrocknet sind die Seen,
keine Pfütze weit und breit,
Schilf vertrocknet und Kakteen
machen sich stattdessen breit.

Zwischen Stämmen hängen Matten,
schlaffe Körper atmen matt,
Bäume werfen kurze Schatten,
glücklich, wer zu trinken hat.

Unbarmherzig brennt die Sonne,
Wolken haben hitzefrei,
trocken staubt die Regentonne,
Hirn verklebt zum zähen Brei.

Wieder platzt ein Thermometer,
Lava wälzt sich durch die Stadt
und macht dann Sekunden später
alles, was im Weg ist, platt.

Hummen summeln durch die Beete,
Schmücken wirren um den Kopf.
Weil sich alles um mich drehte,
hängt mich einer an den Tropf.

Der Asphalt schmilzt auf den Straßen,
Schwimmer ziehn dort ihre Bahn,
Häuserwände werfen Blasen –
alles nur im Fieberwahn?

Maßgeschneidert

An diversen Volkshochschulen
kann man wählen unter coolen
Weiterbildungsangeboten,
ohne Stress und ohne Noten.

Hier das Angebot für Frauen:
F1: Nicht mehr weiterschauen,
hat man alles schon gefunden
(Shoppen unter sieben Stunden).

F2: Wozu gibt es so 'nen
roten Knopf bei Telefonen?
(Was geschäh, wenn man Gespräche
nach zwei Stunden unterbräche?)

Männer können wählen zwischen:
M1: Aus der Pole-Position
(durch die großen Wäschehaufen
bis zur Waschmaschine laufen).

M2: Das Gedächtnis stärken –
Jahrestage spielend merken
(optional mit adäquaten
Bundesliga-Übungsdaten).

Jedem Tierchen sein Pläsierchen

Es gönnt sich das Pantoffeltierchen
des Sonntags gerne mal ein Bierchen,
obwohl es dann, auch wenn's nur nippt,
sofort aus den Pantoffeln kippt.

Das Silberfischchen leidet schwer,
weil's doch so gern ein Goldfisch wär.
Es tröstet sich in seinem Leid:
Einst war es Held der Bronzezeit!

Der Kurzschwanzbläuling ist zwar schön,
sein Name aber klingt obszön
und lehrt die männlichen Person
die Furcht vor Reinkarnation.

Ungezähltes Ungeziefer

Ein Mensch, der gern ins Grüne schaut
und sich ein Haus mit Garten baut,
pflanzt Blumen, Büsche und 'nen Baum,
erfüllt sich so den Lebenstraum.

So sehr ihn die Natur erfreut,
er hat es kurz danach bereut,
weil Ungeziefer schnell entdeckt,
wie gut des Menschen Anbau schmeckt.

Ob Blattlaus, Schnecken, Käferart,
sie alle sind sofort am Start
und sammeln sich in großer Zahl
auf seinem Grund zum Abendmahl.

Der Mensch, von Haus aus Pazifist,
betrachtet, was da nagt und frisst
und überlegt: Was kann man tun?
Er lässt den Pazifismus ruhn.

Der richtige Augenblick

Balzgebläht und buntgefiedert
hat er sich ihr angebiedert,
hofft, dass sie die Gunst erwidert,
doch sie will nur ihre Ruh.

Dabei sollten Pfauenfrauen
ihm in tausend Augen schauen.
So, das muss er erst verdauen,
klappt den bunten Fächer zu.

Später nahen neue Damen.
Neue Chancen, neue Dramen?
Für den polygamen Rahmen
sorgt das frische Publikum.

Nach der Werbepause biegt er
um die Ecke, diesmal siegt er –
die gesamte Horde kriegt er
mit 'nem Augenaufschlag rum.

Wer würd nicht gern?

Wer würd nicht gern am Tag des Herrn
beim Glockenläuten »Ruhe!« plärrn –
und wenn der Pfarrer böse schaut,
ergänzen: »Gott mag's nicht so laut«?

Wer rief nicht gern, als wär's normal,
»Seid leise!« in den Lesesaal,
um, wenn sie dann nach oben sehn,
mit einem »Geht doch!« rauszugehn?

Wer hegte nicht schon mal den Wunsch,
er brächte Ostern Eierpunsch
zu einem Hasenzuchtverein
und würde »Lieferschaden!« schrein?

Wer schrieb nicht gern dem fiesen Chef
in E-Mails oben im Betreff
ein ›Nachricht an den Bösewicht‹?
Wer würd nicht gern, doch traut sich nicht...?

Knechtschaft

Jeder Hund hat einen braven,
treu ergebnen Menschensklaven,
der serviert ihm still und leise
auf dem Silber seine Speise,
um dann angeleint beim flotten
Fußmarsch hinterher zu trotten.

Lässt das Vierbein frischgepresste,
körperwarme Nahrungsreste
fallen, zückt sein Knecht schon hastig
einen schwarzen Sack aus Plastik
und entsorgt sodann behände
seines Meisters Enddarmspende.

Deshalb dient die Menschenhand
lieber Hund als Elefant.

Von Fall zu Fall

Findest du ein Tagebuch,
widerstehe dem Versuch,
denn Privates ist tabu!
Lass es lieber – lass es zu!

Triffst du eine Femme fatale,
folge ihr auf jeden Fall.
Bittet sie dich, ihr Dessous
aufzuschnüren, lass es zu!

Netter Versuch

Was zum Henker ist geschehen?
Plötzlich kann ich klar verstehen,
über was sich manche Sachen
um mich rum Gedanken machen.

Stimmen aus den Wäschehügeln
überziehen mich beim Bügeln
mit Gezeter und Theater:
»Deine Frau kann's akkurater!«

Das ist hart! Sogar mein Spülen
scheint sich nicht gut anzufühlen:
»Deine Frau hat weichre Hände!«
meckern die Geschirrbestände.

Weil ich das nicht länger aushalt,
beicht ich's meiner Frau. »Der Haushalt
bleibt jetzt leider dir.« Sie grinst
mich belustigt an: »Du spinnst!«

Phasenweise

Der Mond ist, kurz und knapp,
genau wie ich und du –
nimmt ab und zu mal ab
und ab und an mal zu.

Warnhinweise

Auf Zigarettenschachteln steht
oft ›Rauchen endet tödlich!‹,
am Haifischbecken, leicht verdreht,
heißt's ›Tauchen endet rötlich!‹

Elefantös

Es gibt Menschen, meistens weiblich,
deren Hirn ist unbeschreiblich
gut im Merken von den Dingen,
welche Männer je begingen.

Während deren gute Taten
in Vergessenheit geraten,
bleiben schlechte in den Gängen
der Synapsen länger hängen.

Das ist nötig, selbst vergisst er
die Vermerke im Register
seiner Sünden viel zu eilig,
so was löst sie arbeitsteilig.

Also bringt sie die Beschwerden
immer wieder vor. Es werden
noch am Sterbebett dem Alten
seine Fehler vorgehalten:

Vor fast sechsunddreißig Jahren
sei's ihr schon mal widerfahren –
damals, statt sich zu bewegen,
hätt er auch nur faul gelegen.

Später Erziehungserfolg

Meine Oma sagte gerne
(und ich glaube, dass es stimmt),
es wär wichtig, dass man lerne,
wie ein Mensch sich gut benimmt.

Seine Laster aufzugeben,
käm für niemanden zu spät.
Oma hat in ihrem Leben
schon bewiesen, wie das geht.

Kaute Opa vor den Söhnen
an den Nägeln, war gewiss:
Oma wird's ihm abgewöhnen –
sie versteckte sein Gebiss.

Die liebe Verwandtschaft

Verwandtschaftsbeziehungen sind mir ein Graus,
ich kenn mich bei so einem Wirrwarr nicht aus.
Ob Großtante oder Cousin zweiten Grads –
mein Stammbaum ist Teil eines Nudelsalats.

Und habe ich wieder mal völlig verdreht,
in welcher Beziehung ein Mensch zu mir steht,
versichert mein Schatz (und hält tröstend die Hand),
ich wäre mit unseren Kindern verwandt.

Verteidigungsversuch

Sie giftet: »Männer sind doch Schweine
und denken stets nur an das eine.
Ich hab es satt, jetzt ist's genug!«

Da hilft's auch nicht, dass er beteuert,
auch Katzen seien schwanzgesteuert –
zumindest mal in Sprung und Flug.

Nur kein Neid!

Robert zählt mit Gattin Carmen
nicht gerade zu den Armen –
Millionär dank Uncle Sam.
Jetzt strahlt RTL plemplem

eine schrecklich glamouröse
Dokusoap zur Geistesblöße
dieser Frohnaturen aus.
Von nix kommt nix – aus die Maus!

Ich find's toll, mich im bequemen
Fernsehsessel fremdzuschämen.
Schimpft und motzt nur, wie ihr wollt,
Roooobert macht aus Geissens Gold!

Hörig

Ich hab seit Kurzem 'ne Affäre,
sie kam mir einfach in die Quere
und sprach mich an, hat fast geflötet,
mit einer Stimme, die errötet.

Sie fragt mich täglich, was ich wolle,
erfüllt mir dann auf eindrucksvolle
Art jeden Wunsch – naja, fast jeden,
ich muss nur deutlich mit ihr reden.

Es kostet mich ein Fingerschnippen,
schon hängt sie treu an meinen Lippen,
lauscht meiner Stimme sehr geduldig
und bleibt mir keine Antwort schuldig.

Sie ist auch hübsch, fast jede Wette,
Alexa, wenn ich dich nicht hätte!

Neulich am K2

»Mensch, Reinhold, du kauziger Zottel,
wie kommt's, dass du hier bist und frierst?«
»Man hält mich im Tal für 'nen Trottel
und glaubt nicht, dass du existierst!«

»Ich weiß ja, die Menschen sind seltsam,
sie glauben an so was wie Gott,
doch hat ein Geschöpf zu viel Pelz am
Gesicht und Gesäß, hagelt's Spott!«

»Komm setz dich zu mir, altes Fellvieh,
inmitten von Felsen und Eis.
Ich schieß von uns zweien ein Selfie
und zeig's aller Welt zum Beweis!«

»Ach, Reinhold, in heutigen Zeiten
sind Fälschungen leider perfekt,
man wird die Belege bestreiten –
am besten, ich zeig mich direkt.«

»Ok., aber kehr noch vor Einbruch
der Dunkelheit wieder zurück.
Ciao, Yeti, mach's gut! Hals - und Beinbruch!«
»Tschüss, Reinhold, beim Abstieg viel Glück!«

Höllisch

Schauderhafte Töne hallen
stampfend aus dem Untergrund.
Kreaturen schieben, fallen,
stoßen sich in Richtung Schlund

und im Hölleninnern zucken
Leiber wie mit Strom gequält.
Wer das sieht, muss heftig schlucken,
bis ihm die Erinnrung fehlt.

Solches Leid kennt keine Worte,
selbst der Wächter mehrt die Pein.
Höhnisch lacht er an der Pforte:
»Nee, so kommst du hier nicht rein!«

Appokalypse

Die Welt wird verrückter und zunehmend kleiner,
schon passt sie bequem in ein Smartphone hinein.
Vernetzt und verbunden vom Softwaredesigner,
global und in Echtzeit, tagaus und tagein.

Wir chatten und twittern, verstärken die Meinung
auf TikTok, auf WhatsApp, in jedem Kanal.
Die Wahrheit zeigt erste Zersetzungserscheinung,
Konträrargumente sind völlig egal.

Wo bleiben Bedenken zum eigenen Standpunkt,
wer lässt noch komplexere Aufklärung zu?
Ist Differenzierung bald nur noch ein Randpunkt
und Ausbruch aus Gruppenzwang völlig tabu?

Die Welt wird verrückter und zunehmend kleiner,
auch risikoreicher, denn ohne Empfang,
gefangen im Funkloch weitab irgendeiner
Mobilfunkantenne herrscht Weltuntergang.

Debattierclub

Freitagnacht zu später Stunde
trifft sich die Expertenrunde
und verwörtert dann ein Thema
immer nach dem gleichen Schema.

Heute: ›Alkoholexzesse –
Für und Wider‹. Im Intresse
schneller Klärung zückt ein Fachmann
fingerfertig seinen Flachmann,

lässt ihn erst zur probeweisen
Allgemeinverkostung kreisen,
um den Rest dann mit zwei schweren
Zügen ansatzlos zu leeren.

Mit der Zeit und mit den Schlücken
mehren sich Gedächtnislücken
und so bleibt das Fazit offen –
Anne will, doch ist besoffen.

Später Triumph

Er fing den Fisch,
da war er frisch,
doch ließ er ihn dann liegen.

Der Fisch verdarb,
der Angler starb,
jetzt tummeln sich die Fliegen.

Ihn zog Verzehr
aus dem Verkehr,
ganz ohne Fliegenköder.

Ich mach jetzt Schluss
mit diesem Stuss,
ab hier wird's nur noch blöder...

Ode Toilette

Angerichtet vor dem Spiegel
reihen sich als Utensil
Pinsel an Kosmetiktiegel –
Reinheit, Schönheit sei ihr Ziel.

Lappen, schenk uns feuchte Frische,
Trocknes werde eingeweicht,
schruppe, schrappe, wasche, wische,
alles, was der Arm erreicht.

Wohlgeruch aus Achselhöhle,
ströme – Deo gratias!
Zieht in Haut, ihr Mandelöle,
hoffentlich bewahrt sie das.

Borsten in den Zwischenräumen,
kreiset über jeden Zahn,
lasst die Paste weiß erschäumen
vor dem Schwall ins Porzellan.

Wildwuchs, dich wolln wir bezähmen,
Bürsten, leistet Widerstand,
Wangen, euch soll Rouges verbrämen!
Schatten wird ans Lid verbannt.

Stiftet Rot für Lippen, spendet
Tusche für den Wimpernschlag.
Letzter Blick, das Werk vollendet,
bin bereit für diesen Tag!

Urschreitherapie

Schon seit Tagen quälte Tarzan
ein vereiterter Molarzahn
und er hielt den Schmerz kaum aus.

So ein Übel in den Backen
muss man an der Wurzel packen,
sprich: Der Quälgeist musste raus!

Zur Beseitigung besaß er
eine lange, starke Faser,
die verknotete er fest

einerseits am Übeltäter
und das andre Ende später
nah am Baumhaus im Geäst.

Dann ergriff er zwei Lianen
und ihr könnt vielleicht schon ahnen,
was als Konsequenz geschah:

Aaahh iahiaaaaaaaahh iahiaaahh!!

Florale Pluralität

Vereinzelt zeigen Lokusse
im Rasen erste Krokusse,
auch mehren sich Indizien
fürs Blühen der Forsythien

und wenn erst Rhododendren
verführn, vorbeizuschlendren,
muss man auf die Kakteen
erst gar nicht mehr bestehen.

Die Mehrzahl dieser Arten
bereichern Reim und Garten!

Lecker Likörchen

»So ungern ich störe –
wo sind die Liköre?
Ich sah sie, ich schwöre, bei Frieda.«

Wir bilden 'ne Soko
zur Fahndung nach Schoko
und trinken bei Coco Batida.

Dann tanzen wir Rumba
und schlürfen Lumumba,
der haut mit Kukumber dich nieder.

»Dazu 'nen Mosquito,
ach, Quatsch – hicks! – Mojito,
den lieb ich, kapito!«, quiekt Ida.

Ein Cocktail für Maja,
mit Mus aus Papaya
und Portwein – das war ja noch nie da!

Kurz vor dem Deliri-
um schreit wer »Daiquiri!«.
Da meldet sich Siri: »Schon wieder?«

So ziemlich alles

Ich hab geliebt, geheult, gelacht,
geruht, versiebt, gekeult, bedacht,
gehofft und mich gegrämt, gestöhnt,
mich oft gezofft, geschämt, versöhnt.

Hab auch gebangt, gewagt, gesiegt,
geschwankt, versagt und Angst gekriegt,
bin hingefallen, hab geschwebt,
mit einem Wort – ich hab gelebt.

Epilog:
Nur eines habe ich noch nicht:
Ich sah noch nie Freund Heins Gesicht.

Pädagogisch wertvoll

Die Kunst der Pädagogik liegt
im Lehren und Erklären.
Man muss, damit er Futter kriegt,
den Bildungshunger nähren,

empathisch, motiviert und frisch
der Kinder Neugier wecken,
damit sie möglichst spielerisch
die Welt für sich entdecken.

Den Pädagogen wirft nichts um,
er ist stets Herr der Lage
und kontert ein »Weshalb?«, »Warum?«
mit einem »Blöde Frage!«

Die Grätchenfrage

Es hilft der Segen Blasius'
vielleicht noch bei Pangasius,
steht aber grätenreicher Fisch
wie Bachforelle auf dem Tisch,

ist trotz des Segens mancher Gast
schon bodenliegend schwer erblasst,
was gleich zur Grätchenfrage führt,
ob Blasius die Huld gebührt?

Alles dreht sich um die Kröten

Mancher Lurch, der durch zerfurchte,
feuchte Ackerlandschaft schlurchte,
wundert sich, am Straßengraben
angekommen: »Ach, die haben

hier nur Tunnel für die Kröten?
Dabei wäre auch vonnöten
anderen zu helfen, solchen
beispielsweise wie uns Molchen.«

Doch der Eingang ist beschildert,
viele Tiere sind bebildert,
um sie dann gleich durchzustreichen,
heißt: Die sollen sich hier schleichen.

Kommt an diesem Ort ein Lurch lang,
sieht er gleich: Für mich kein Durchgang!
Auch den Feuersalamandern
zeigt man – sucht euch einen andern!

Bargeldlos

Ich zögre noch, als du schon längst
mir dein spontanes Lächeln schenkst.
Wie freu ich mich ob des Gewinns
und zahl's zurück mit Grinsesgrins.

Zeitlos

Dass Nelken verwelken und Blüten verblühn,
beweist, wie vergänglich natürliches Grün.
Beständig lebendig dagegen trotz Spotts
sind Pflanzen aus Plastik – der Feind des Verrotts.

Störenfriede

Unkraut wuchert an den Beeten,
in den Ritzen, auf den Wegen.
Höchste Zeit, es auszujäten.
Nicht empfohlen wird dagegen,
selbst in langen Dürrephasen,
es zu sprengen (wie den Rasen).

Jedes Jahr – es ist zum Heulen! –
schießt es wieder aus dem Boden.
Soll ich's etwa chemisch keulen
oder gleich den Garten roden?
Dann wär Ende mit den ganzen
gottverdammten Nichtsnutzpflanzen!

Klimastreit

Aufgeheizte Atmosphäre,
Klimakleber und -bewahrer,
menschgemachte Barriere,
aufgebrachte Autofahrer.

Demos gegen Klimawandel,
festgefahrne Positionen,
Treibhausgas, globaler Handel,
Ölverbrennungsemissionen.

Wirtschaftsstandort, Kostenfaktor,
Konkurrenz aus fernen Ländern,
Sicherheit, Atomreaktor,
Risiko, zu viel zu ändern.

In den Talkshow-Luftduellen
kommen sie sich in die Quere,
Überschwemmung, Hitzewellen,
aufgeheizte Atmosphäre.

Tischgespräch

Es steht seit neuestem ›vegan‹
auf unserem Ernährungsplan,
das wär laut Wissenschaft gesünder,
erklärt die Mutter meiner Kinder.

Ich koste vorsichtig und *kreisch* los:
»Sag, ist das Gulasch etwa fleischlos??
Mach's wie die Griechen einst vor Troja
und schmuggle mir ein Pferd ins Soja!«

Doch sie winkt ab, serviert Lupinen,
garniert mit Erbsenproteinen:
»Komm, spar dir die gespielte Wut.«
Sie kennt mich halt nur allzu gut...

Vaterglück

Mein Kind, ich dacht bei dir zuerst,
dass du ganz ruhig bist und nicht plärrst.

Wie falsch! Dann hoffte ich zunächst,
dass du als erstes »Papa« sprächst
und es besorgte mich zutiefst,
dass du andauernd »Mama« riefst.

Inzwischen lächle ich zumeist,
wenn du nach deiner Mutter schreist.

Verständigungsversuch

»Hallo, Oma, hier spricht Peter.
Du, ich komme etwas später,
muss noch ein paar Runden Laufen...«
»Danke, nein, ich will nichts kaufen!«

»Laufen, Oma, ich geh Joggen
und deswegen...« »Nein, sie schocken
mich nicht...« »Sag mal, Oma Käthe,
trägst du deine Hörgeräte?«

»Was für Störgeräte? Hören
Sie, hier darf man keinen stören!
Sind Sie etwa falsch verbunden?«
»Oma, tschüss, bis in zwei Stunden!«

Die Fauna spielt verrückt

Der König zäunt, die Schrecke heut,
das Kehlchen bräunt, der Karpfen koit,
die Dommel rohrt, der Käfer bockt
der Kneifer ohrt, die Ente stockt,
der Tölpel basst, der Hüpfer teicht,
fehlt nur noch, dass ein Hörnchen eicht.

WENDIG

Blattschuss

Der Jäger hob im Morgengrauen
im Hochsitz bei der Jagd auf Füchse
erst eine seiner Augenbrauen
und dann die Büchse.

Sein Schuss, der durch das Blattwerk hallte,
traf statt des Zieles einen loden-
berockten Treiber, dieser knallte
verdutzt zu Boden.

Durchlöchert waren auch die Blätter,
obwohl der Jäger lange zielte.
Man staunte: Blattschuss – Donnerwetter!
Der Gute schielte.

So der Plan

Was werde ich nicht alles machen,
wenn ich erst mal gestorben bin!
Mir kommen da schon tausend Sachen,
die noch zu tun sind, in den Sinn.

Der Tod entbindet mich von Zwängen,
dann hab ich endlich Zeit am Stück
für Bücher, selbst in rauen Mengen –
ruft mich die Pflicht, ruf ich zurück:

»Ich bin für keinen zu erreichen
und mache nur noch, was ich will!«
Das ist der Vorteil von uns Leichen –
für uns stehn alle Uhren still.

An der Theke

Männer stehn gern an der Theke,
mich jedoch macht so was krank.
Nicht, dass mich der Anblick schräke,
nur der höllische Gestank.

Wer genießt denn Appenzeller,
welcher pervertierte Knilch
hat gern Stücke auf dem Teller
aus schon längst vergorner Milch?

Hergerichtet in Vitrinen
wie in der Eremitage
liegt von gelbem Licht beschienen
die Hommage an den Fromage.

Plötzlich werden Lippen schmaler,
denn mein Scherz kommt nicht gut an:
Ob man hier mit Emmentaler
seinen Kauf bezahlen kann?

Wenn ich dann auf Schildern lese
›Mon amour c'est Romadur‹,
lach ich über diesen Käse.
Goudeamus igitur!

Vielstimmig

Chor der Umtriebigen
    Wir sind die stets Getriebenen,
    vom Arbeitsdruck Zerriebenen,
    doch niemals Krankgeschriebenen.

Singkreis paritätisch Denkender
    Sie sind die Arbeitssüchtigen,
    die Strebsamen und Tüchtigen
    und vor der Steuer Flüchtigen.

CDU   Wir sind die Hochkarätigen,
    die sich zum Wohl des stetigen
    Vermögensplus betätigen.

SPD   Sie sind die Hochbetitelten,
    die Synergien ermittelten
    und die Belegschaft drittelten.

CDU   Wir sind die Arbeitswilligen,
    die das Konzept der Chilligen
    auf jeden Fall missbilligen.

SPD   Sie sind die stets Getriebenen,
    bald lesen ihre Lieben 'nen
    Prospekt ›Die Hinterbliebenen‹.

Sie lagen ihr zu Füßen

Salanda, attraktives Mädchen
mit schlanken Füßen, weich und zart,
betrat beschwingt ein schickes Lädchen
für Damenschuhe aller Art.

Schon raunte es aus den Regalen:
»Nimm mich, nimm mich! Oh, bitte tu's!«
Es buhlten Booties, Pumps, Sandalen
und High-Heels um den schönen Fuß.

Das Mädchen streifte durch die Reihen,
probierte dies, probierte das,
woraufhin Eifersüchteleien
entbrannten – fast schon offner Hass.

Stilettos riefen »Olle Treter!
Wer kauft schon Latschen?« zu den Clogs.
Die reagierten mit Gezeter:
»Blasiertes Stöckelschuhgesocks!«

Noch nicht verstummt war ihr Gejohle,
da kam Salanda schon zurück
und nahm ein Paar mit flacher Sohle.
Die Ballerinas schrien vor Glück!

Briefgeheimnis

In Marrakesch im Orient
versuchte ein Geheimagent,
die Türe zu entriegeln.
Sie führte zu dem Nebenraum,
dort lag im Eck, man sah ihn kaum,
ein Brief mit sieben Siegeln.

Auf dessen Umschlag stand am Rand
in großen Lettern mit der Hand
das Wort ›GEHEIM!‹ geschrieben.
Darin, so wusste der Spion,
war seine nächste Instruktion –
Mission für 007.

Wo war sein nächster Einsatzort –
auf einer Luxusyacht an Bord
mit Schurken und Tyrannen?
Er öffnete das Dokument,
dort stand nur ein ›Geh heim, Agent!‹
Da schlich er still von dannen.

Die Eloquenz der Augenbrauen

Die Effizienz von Autobahnen
lässt sich allein im Stau erahnen –
dann sieht man eindrucksvoll, welch Massen
auf zwanzig Kilometer passen.

Die Poesie der Kläranlage
entzieht sich jeder Gegenfrage,
so bleibt auch weiterhin der Wert
der Lyrik völlig ungeklärt.

Die Diskretion des Dichtungsrings
ist seine Stärke, allerdings –
egal, wie sehr er es verspricht,
auf Dauer hält er nie ganz dicht.

Der Edelmut der Bolzenschneider
wird nicht genug beachtet – leider!
Sie sind es, die die Ketten sprengen
und Fahrräder in Freiheit drängen.

Die Eloquenz der Augenbrauen,
um noch den Titel einzubauen,
hat spätestens ihr Coming-Out,
sobald sich was zusammenbraut.

Panta rhei

Nach wochenlangen Regengüssen
saß auf dem Hausdach Heraklit.
Das Wasser von sonst ruhigen Flüssen
riss alles um ihn mit sich mit.

Auch sein Besitz trieb in den Fluten,
das brachte Heraklit Verdruss,
bis, wie Historiker vermuten,
er klagte: »Alles ist im Fluss!«

Die Verkündung

Herr Jesus verkündet den Jüngern:
Seid sparsam mit künstlichen Düngern!
Ihr pflanzt jetzt zur Übung die Thuja,
die ist schön robust – Halleluja!

Danach für das tägliche Manna
den Affenbrotbaum – Hosianna!
Verliert aber bloß nicht die Samen,
sonst haben wir Hungersnot – Amen!

Zwischentöne

Die Welt ist nicht nur schwarz und weiß,
weil Grenzen oft verwischen –
zuweilen ist sie warz und schweiß,
so irgendwo dazwischen.

Unerwarteter Besuch

Wer rechnet schon mit so was?
Ich las grad auf dem Klo was,
da klopfte irgendwo was.
Gab's Zeugen? Nur Jehovas...

Ergeben

Heißt Wehrpflicht nicht, dass man sich wehrt,
ja wehren muss – *Abteilung kehrt!* –
wenn lauthals ein Befehl erschallt,
der ohne Sinn – *Abteilung halt!* –

erscheint und – *Stillgestanden!* – nur
basiert auf einem Treueschwur?
Und wäre es nicht angebracht,
dass man sich eigene – *Habt acht!* –

Gedanken macht – *Die Augen links!* –
statt blind zu folgen? Allerdings,
es kann im Eifer des Gefechts
sehr schnell passiern – *Die Augen rechts!* –

dass man aus Lethargie heraus
nichts hinterfragt – *... gerade-aus!* –
und plötzlich ist – *Im Gleichschritt, Marsch!* –
die Eigenständigkeit am Ende.

Wie so?

Wie du mir,
so ich dir
und wie wir,
so auch ihr,
aber wie
er und sie
und auch du
ab und zu -
so wie die,
ich ja nie!

Nee, auf gar keinen Fall!

Wie du dich,
ich mich nich!

Am superlativsten

Den Sachsen versteht man am ehsten
in Dresden.

Der Tinnitus nervt dich am schlimmsten,
vernimmst 'n.

Beim Mordanschlag wär es am besten,
du lässt 'n.

Der Schnaps an der Bar kommt am schnellsten,
bestellst 'n.

Der eigene Stuss stört am stärksten,
bemerkst 'n.

Auf nach Absurdistan!

Auf dem Hof sind viele kleine
Legehennen ohne Beine.
Streng nach Vorschrift – die Verwaltung
fordert bodennahe Haltung!

Auf den ersten Blick ist Liebe
nichts als eine Sympathiebe-
kundung zweier Menschenherzen,
die den zweiten Blick verschmerzen.

Auf den letzten Löchern pfeifen
vier kaputte Autoreifen,
drei davon in platter Pose,
einer hat Profilneurose.

Messerscharf geschlossen

Ein Axtbesitz allein beweist
noch keinen mörderischen Geist,
der Nichtbesitz von so 'nem Beil
jedoch auch nicht das Gegenteil.

Grenzen der Individualität

Was sind die Menschen doch verschieden!
Ob dick, ob dünn, ob arm, ob reich,
ob glücklich oder unzufrieden
und doch – verschieden sind sie gleich.

Standesgemäßer Abgang

Der Chemiker war sichtlich froh,
als Tuareg ihn fanden.
Verzweifelt rief er »H_2O!«,
doch wurde nicht verstanden.

† † †

Kein guter Mathematiker
war er und trat doch näher.
Begraben wurd der Statiker
von seinem Zahlendreher.

† † †

Sie stehn im neugebauten Haus
vor einer schiefen Kammer.
Der Maurer meint: »Das guckt sich raus.«
Der Bauherr greift zum Hammer.

Sagenhaft

Kotau passt nicht zum Naturell
von Freiheitskämpfer Wilhelm Tell.
Er ist, das liegt am Rütli-Schwur,
ein Eidgenosse, also stur.

Verwehrt der Obrigkeit den Gruß –
schon folgt die Strafe auf dem Fuß,
beziehungsweise auf dem Kopf
des Sohnemanns, der arme Tropf

steht da und alles schaut gebannt,
wie Wilhelm Tell die Armbrust spannt.
Er zielt, drückt ab, der Apfel bricht.
Der Knabe lebt – die Made nicht.

Geisterbeschwörung

O holder Wacholder, berauschender Gin,
du Geist in der Flasche, ich lass dich dort drin!
Entrinnst du, verliere ich Sinn und Verstand,
kaum offen – besoffen, vom flüssigen Brand.

Bleib bloß in der Flasche, bezaubernder Dschinn!
Drei Wünsche erfüllst du, doch lass ich dich drin,
sonst steckst du am Ende noch jedem, was da
in tausend und einer der Nächte geschah.

Vertrauen ist gut...

Anfangs waren die Bedenken,
dort zu investieren, groß.
Keiner hat was zu verschenken
und es wirkte dubios.

Aber allerlei Experten,
ernst & jung, warn positiv:
»Na, bei *den* Vermögenswerten
geht mit Sicherheit nichts schief!«

Auch der Prüfer von der BaFin
gab gelassen grünes Licht,
ein Minister übertraf ihn –
›seriös‹ stand im Bericht.

Also pumpte ich Millionen
in das ehrenwerte Haus.
Ja, Vertrauen kann sich lohnen,
doch Kontrolle zahlt sich aus!

Glück im Unglück

Ein Glücksschwein flüstert im Regal
zum Unglücksschwein daneben:
»Mein Schlitz im Rücken ist zwar schmal,
doch viele Leute geben.

Dir armen Sau wirft man nichts rein,
weil keiner dich beachtet.«
Still lächelt da das Unglücksschwein –
das Glücksschwein wird geschlachtet.

Warnung

Trau keinem, der dir etwas gibt
und keine Gegenleistung will.
Er tut es nicht, weil er dich liebt –
auf seinen Vorteil hofft er still.

Sei auf der Hut, wenn man dich lockt,
wer eigentlich dahintersteckt,
schnell hast du dir was eingebrockt,
bevor du merkst, was man bezweckt.

Bleib skeptisch, wenn ein andrer meint,
nur *er* weiß, wie die Welt sich dreht,
was Wahrheit ist, was nur so scheint,
und glaub auch bloß nicht, was hier steht!

Autowahn

Statistisch, wurde jetzt erforscht,
ist Deutschland hoffnungslos verporscht.
Die Wissenschaft schloss pfefferscharf:
Gedeckt ist der Cayennebedarf.

Auf Autobahnen BMWehn
schon Hurricanes der Stärke zehn,
als du den Silberpfeil erkennst
(den du mit Nostalgie verbenzt,
obwohl's an Sprachverletzung grenzt).
Es ist nicht alles Gold, was glänzt.

Sattes Bußgeld

Die Streifenpolitesse droht
im absoluten Parkverbot
mit Knöllchen, als wir fragen:
»Sind Sie für Innendienst zu blöd?«
worauf sie den Betrag erhöht.
Na ja, nicht unser Wagen...

Liste der Gedichte

42° 85

Alles dreht sich um die Kröten 113

Am superlativsten 135

An der Theke 125

Appokalypse 103

Auf dem Holzweg 15

Auf nach Absurdistan! 136

Ausnahmen 32

Autowahn 144

Bargeldlos 114

Blattschuss 123

Briefgeheimnis 128

Das Leben 26

Debattierclub 104

Der richtige Augenblick 89

Die Eloquenz der Augenbrauen 129

Die Fauna spielt verrückt 120

Die Grätchenfrage 112

Die heiligen vier Könige 44

Die liebe Verwandtschaft 97

Die Verkündung 131

Die Zaubertrommel 17

Diese dunkele Macht 71

Drei komische Heilige 43

Du bist dran! 28

Elefantös 95

Enthaltsamkeit 25

Entschleunigt 36

Ergeben 133

Erntedankfest 41

Farbenspiel 72

Fast allen 42

Flammender Appell 66

Florale Pluralität 108

Frankoviel 29

Frau Holles Gespür für Schnee 24

Frühjahrsmüde 52

Gefährlich ist's, den Leu zu necken 64

Geisterbeschwörung 140

Gerüchteküche 33

Glück im Unglück 142

Goldenes Handwerk 68

Grenzen der Harmonisierung 63

Grenzen der Individualität 137

Gut Ding... 47

Herzschlag 70

Herzschmerz 84

Höllig verfunzt 31

Höllisch 102

Hörig 100

Im Umbruch 23

Im wilden Osten 33

In den Alpen 65

Ist er's? 10

Jahrhundertgenie 16

Jedem Tierchen sein Pläsierchen 87

Kein Benehmen 73

Klimastreit 116

Knechtschaft 91

Kneippen-Therapie 61

Kreislauffördernd 75

Krönender Abschluss 35

Kurz und schmerzhaft 80

Kynophobie 69

Lagebericht 51

Langer Rede kurzer Sinn 14

Lecker Likörchen 109

Leicht nachgeholfen 83

Lerne von der Natur! 57

Liebenswürdigkeiten 58

Liebeserklärung 59

Literatourette 12
Louvre, Oktober 2008 9
Märchen der gehobenen
Art 45
Maßgeschneidert 86
Materialien zu einer Kritik
der Kritiken 21
Messerscharf geschlossen 137
Mundtot gemacht 27
Mut zur Lücke 74
Nah dran 20
Narkotisiert 62
Netter Versuch 93
Neulich am K2 101
Nix los heute 30
Nur kein Neid! 99
Ode an die
Vollkommenheit 77
Ode Toilette 106
Örtliche Schönheiten 25
Pädagogisch wertvoll 111
Panorama 53
Panta rhei 130
Penetrant 60
Perlen des
Wertstoffhandels 39
Phasenweise 94
Plurale Tanten 48
Reingefallen 22
Resümee 37
RTL II 70
Sagenhaft 139
Sattes Bußgeld 145
Sehnsucht 38
Si tacuisses 79
Siderodromophobie 81
Sie lagen ihr zu Füßen 127
So der Plan 124
So ziemlich alles 110
Späte Reue 40

Später Erziehungserfolg 96
Später Triumph 105
Sport ist Mord 78
Standesgemäßer Abgang 138
Sternstunden der
Philosophie 11
Störenfriede 115
Tauschgeschäft 67
Teilerfolg 55
Tempel der Verführung 82
Tischgespräch 117
Unerwarteter Besuch 132
Ungereimtheiten 18
Ungezähltes Ungeziefer 88
Urschreitherapie 107
Vaterglück 118
Verblendet 13
Verhindert 46
Verscherzt 76
Verständigungsversuch 119
Verteidigungsversuch 98
Vertrauen ist gut... 141
Vielstimmig 126
Von Athleten und Poeten 34
Von Fall zu Fall 92
Warnhinweise 94
Warnung 143
Was heißt hier Plagiat,
Heinz? 19
Wer würd nicht gern? 90
Wie so? 134
Wirrwarr 54
Zeitgemäß 47
Zeitlos 114
Zug um Zug 56
Zum Abschied 75
Zwischentöne 132

... am Ende war es fort.